RAZ DE SEIN

DIVERSES LÉGENDES SUR LA VILLE D'IS
(FRANÇAISES ET BRETONNES)

ÉTUDES SUR L'AFFAISSEMENT PROGRESSIF DU LITTORAL

MONOGRAPHIE DE L'ILE DE SEIN
(RELATION DE VOYAGE)

PAR M. LUCIEN BOULAIN
ANCIEN PRÉSIDENT DU COMICE AGRICOLE DU CANTON DE PONT-CROIX

Douë va sicourit evit tremen ar Raz,
Ar vag a zo bihan, hag ar mor a zo braz.

QUIMPER
TYPOGRAPHIE ARSÈNE DE KERANGAL
18, RUE DES BOUCHERIES, 18
1893

RAZ DE SEIN

RAZ DE SEIN

DIVERSES LEGENDES SUR LA VILLE D'IS
(FRANÇAISES ET BRETONNES)

ÉTUDES SUR L'AFFAISSEMENT PROGRESSIF DU LITTORAL

MONOGRAPHIE DE L'ILE DE SEIN
(RELATION DE VOYAGE)

PAR M. LUCIEN BOULAIN
ANCIEN PRÉSIDENT DU COMICE AGRICOLE DU CANTON DE PONT-CROIX

Douë va sicouril evit lremen ar Raz,
Ar vag a zo bihan, hag ar mor a zo braz.

QUIMPER
TYPOGRAPHIE ARSÈNE DE KERANGAL
18, RUE DES BOUCHERIES, 18
1893

A MES AMIS

En livrant ces quelques détails sur l'Ile-de-Sein, j'ai cédé aux désirs de mes agréables compagnons de promenade : MM. Béziers, Emmanuel Delécluse, de Douarnenez, Dumanoir et d'autres. Les uns ne sont plus, le commandant Fenoux, dont la mort tragique et récente nous impressionne encore, était l'âme et l'esprit de ces voyages.

Le titre de RAZ-DE-SEIN convient à ces quelques notes. Je ne m'occupe pas de la Pointe du Raz (Bec-ar-Raz), cette promenade est de tous les jours, je veux parler du Raz ou Ras, courant de mer très violent dans un passage étroit..., Raz-de-Sein et de sa chaussée.

**

Je donne d'abord les légendes qui font exister la ville d'Is aux environs du Cap-Sizun, dont l'Ile aurait fait partie dans les temps anciens. Les habitants âgés prétendent tenir de leurs devanciers, que la commune de l'Ile-de-Sein est propriétaire d'une partie de la Pointe-du-Raz.

Quelques études sur la dépression du littoral suivent ces détails, puis vient la monographie de l'Ile et de sa chaussée, sous forme de relation de voyage.

RAZ DE SEIN

I

LÉGENDES DE LA VILLE D'IS

Il n'y a que des légendes sur l'existence de la ville d'Is. On a fait des études tout le long du littoral, rien n'a été trouvé qui puisse donner créance à une vérité. On constate bien l'existence de voies romaines aboutissant à Saint-Thëi, près de la baie des Trépassés, faisant presque face à l'Ile-de-Sein, elles s'arrêtent au bord de la mer. Cette voie romaine qui passait par Carhaix, par Douarnenez, avait une ramification sur Audierne. A Audierne, du reste, n'a-t-on pas trouvé les traces de l'occupation romaine. De l'autre côté de la rivière le Goyen, on retrouve des traces à Poul goazec, à Kersigneau, etc., etc.

Il y a une dizaine d'années, un horloger d'Audierne achetait d'un cultivateur, dont la propriété
borde la mer et les talus de cette voie, un vase plein
de pièces romaines d'or, d'argent et de bronze. Elles
étaient des premiers Césars : d'Auguste, de Titus, de
Vespasien, d'Antoifié-le-Pieux.

Dans tous les cas, passons aux légendes, et je les
ai prises un peu partout, dans des chroniques locales, dans Flammarion...

« Dans la baie de Douarnenez existait anciennc-
ment une ville célèbre, la ville d'Is, dont la légende
du roi Gradlon a illustré la fin tragique. Aux premiers siècles de notre ère, cette cité était encore
florissante, quoique déjà menacée par la mer, et pro-
tégée par des digues. On rapporte à 544 l'invasion
des eaux qui engloutit définitivement ces populations. On voit encore de vieux murs portant le nom
de *mogher greghi*, murailles des Grecs. »

✝

En quelques mots exposons cette tradition. « C'est
sur les bords désolés de la baie des Trépassés (Finistère), que l'on trouve les vestiges légendaires de
l'antique cité. Plusieurs routes anciennes aboutissent

aujourd'hui à la mer, et se prolongeaient autrefois dans la baie de Douarnenez.

« Les traditions racontent que la cité d'Is, était défendue contre l'Océan par des digues puissantes, dont les écluses étaient ouvertes une fois par mois, sous la présidence du roi, pour donner passage au trop plein des cours d'eau. La ville était luxueuse, le palais somptueux, la cour adonnée à tous les plaisirs.

« La fille du roi, la princesse Dahut, était belle. Elle était coquette et licencieuse, malgré l'austérité paternelle, et se livrait à de folles orgies. Gradlon avait promis d'imposer son autorité, d'arrêter les scandales de sa fille. Mais l'indulgence paternelle l'avait toujours emporté dans son cœur. La jeune princesse forma un complot pour s'emparer de l'autorité royale, et le vieux roi ne tarda pas à être relégué dans le fond de son propre palais ; elle présida aux cérémonies, à l'ouverture des écluses eut la fantaisie de les ouvrir un jour de grande marée.

« C'était le soir, le roi vit venir devant lui saint Guénolé, apôtre de la Bretagne, qui venait lui annoncer l'imprudence de sa fille. La mer pénétrait dans la ville, la tempête la poussait devant elle. Il n'y avait plus qu'à fuir, la ville entière était destinée à périr et à disparaître.

« Gradlon voulut encore sauver son enfant des suites de son imprudence. Il l'envoya chercher, la prit en croupe sur son cheval, et suivi de ses officiers se dirigea vers les portes de la cité. Au moment où il les franchissait, un long mugissement retentit derrière lui, il se retourna et poussa un cri. A la place de la ville d'Is, s'étendait une baie immense sur laquelle se reflétait la lueur des étoiles. Les vagues arrivaient sur lui frémissantes, allaient l'atteindre, et le renverser malgré le galop de ses chevaux, lorsqu'une voix éclatante retentit :

« Gradlon, Gradlon, si tu ne veux périr, débarrasse-« toi du démon que tu portes derrière toi. »

> Ha Guenole enn neur grena
> Ha gri : « Gralon, toll an diaoul-ze
> Divar daillar da hin kane. »

« La fille de Gradlon terrifiée sentit ses forces l'abandonner. Un voile s'étendit sur ses yeux. Ses mains qui serraient convulsivement la poitrine de son père, se glacèrent et retombèrent, elle roula dans les flots.

« De là Poul-Dahut, ou Pouldavid...

« A peine l'eurent-ils engloutie, qu'ils s'arrêtèrent. Quant au roi, il arriva sain et sauf à Quimper, se fixa dans cette ville qui devint la capitale de la Cornouaille. »

J'ai donné la légende française. Après de longues recherches, j'ai pu me procurer un vieux récit breton :

La submersion de la ville d'Is. On en a fait un *guerz*, que tous nous avons entendu chanter dans nos foires et pardons. La traduction que j'en offre, conservera les tournures bretonnes qui lui donnent comme un cachet de vérité.

Je le répète, c'est la traduction littérale.

« Dans l'Évêché de Cornouailles, où se trouve aujourd'hui la mer de Douarnenez, existait autrefois une grande ville. C'était Is son nom. Une grande muraille, large et haute, avec des écluses en fer, la protégeait de la grande mer. En cette ville, on voyait, parmi les riches, dissipations et mauvais exemples. Gralon y résidait, et était roi en Bretagne. Guerrier dans sa jeunesse, et dur envers ses sujets, dans sa vieillesse, éclairé par la foi chrétienne, il devint doux comme un agneau, il pleura sur les débauches de la ville, et sur la vie désordonnée que menait sa fille Ahès avec la noblesse de la ville et celle de Ker-Ahès (Carhaix), ville qui lui appartenait.

« En ce temps-là, il y avait en Bretagne, deux saints apôtres, amis de Dieu. *Kaourintin,* premier évêque de Quimper, et saint Guénolé, premier abbé de Lan-

dévennec. Souvent, ils avaient prêché la foi à Is et
admonesté le roi sur les actes criminels, les injustices,
les forfaits qui se commettaient au palais de la jeune
fille : on se moquait d'eux, et le roi affaibli par l'âge,
n'avait plus assez d'autorité pour arrêter les débauches de la grande ville. Dieu se fatigua en voyant cet
endurcissement, et fit connaître à l'ange de Bretagne,
son ami Guénolé que, sans tarder, la ville serait inon-
dée par les eaux. Aussitôt, Guénolé monta à cheval,
courut à la ville d'Is, avec la pensée d'arrêter la colère
de Dieu. Mais le temps de la pitié était passé. Quand
le saint arriva vers minuit, les écluses étaient ouvertes,
et la mer faisait un bruit épouvantable, en roulant
sur les habitants, sur les maisons et les palais.

« Guénolé ne put sauver que Gralon. On voit encore,
sur le chemin, la trace du sabot du cheval sur le roc
où les abbés de Landévennec, avant de prendre leur
charge, viennent prier et reconnaître Gralon comme
fondateur du monastère :

« Abès, la mauvaise fille, fut changée en *Mari-*
Morgan (qui chante sur la mer), moitié femme et
moitié poisson. Quand il fait clair de lune, on l'entend
encore chanter sur les ruines de la ville engloutie.

« Ses yeux ressemblent à deux étoiles, ses cheveux
ont la couleur de l'or, son cou et ses deux seins sont
aussi blancs que la neige, sa voix mélodieuse charme
et endort. Les marins du pays, quand ils l'entendent,

se disent avec frayeur : « Éloignons-nous, Ahès est sortie de son palais, le mauvais temps est proche, et si nous tardons, nous serons jetés sur les rochers, pour dormir d'un sommeil éternel. »

« Comme Sodome, Gomorrhe, Babylone, Is n'est plus, et les flots roulent sur ses ruines. Au lever du soleil, Gralon et Guénolé gravirent Ménez-Hom. Gralon jeta un regard de pitié derrière lui.

« Là, où se trouvait Is, on ne voyait plus que la mer, il se jeta à genoux pour remercier Dieu et la Vierge : se relevant, il vit sous le couchant, *Ru-men-goulou*, ou *Men-ru-ar-goulou*. Sur cette pierre, on faisait des sacrifices humains : chaque mois, un petit enfant que l'on arrachait à la mamelle.

« Les yeux baignés de pleurs, levés vers le ciel, Gralon dit à son ami : « Sur cette pierre rougie, con-« sacrée à un Dieu barbare, je ferai bâtir une église, « en l'honneur de la Vierge, et là où l'on verse du « sang en l'honneur de Teutatès, la Mère du vrai « Dieu versera ses grâces sur les Bretons. »

« Il fut fidèle à sa parole. Les prêtres païens se révoltèrent quand ils virent détruire le temple. Le roi les vainquit auprès d'Argol, à la tête des Bretons convertis. Sa prière terminée, le roi suivit Guénolé à Landévennec, abbaye qu'il avait fait construire. Il avait déjà donné son palais de Quimper, à saint Corentin. A la place de ce palais, se trouve la belle

Cathédrale. Gralon passa le reste de ses jours à Landévennec, dans la pénitence la plus austère. Il allait
souvent avec son ami à Rumengol, *Itron-Varia-remed-
oll*, Notre-Dame de tout remède.

« La Vierge lui apparut et le bruit s'en répandit
dans la Bretagne. Il mourut entre les bras de Guénolé
à Landévennec.

Il recommanda son âme à Dieu, disant avec con-
fiance : « *Itron Varia Rumengol, mirit ouzin na zin
da gol*. Madame Marie de Rumengol, jetez les yeux
sur moi, pour que je n'aille pas à perte. »

Il y a longtemps de cette mort, et les Bretons qui
sont gens de foi et de cœur, ont le souvenir de leur
vieux roi et de son ami Guénolé. S'ils connaissaient
mieux l'histoire de leur beau pays, quand ils viennent, au Dimanche de la Trinité, au pardon de
Rumengol, en voyant la baie de Douarnenez, Menez-
Hom, Landévennec, la Chapelle élevée et miracu-
leuse, ils diraient les larmes aux yeux :

> Bras ar burzudou a zo bet
> Bars an amzer tremenet :

« Grands les miracles ont été dans les temps pas-
sés. »

Légendes assurément, mais recouvrant un fonds
de vérité : la submersion d'une grande ville au
Ve siècle de notre ère.

Un marin-pêcheur de Plogoff, retirant un jour ses filets, sentit un poids extraordinaire. Étonné, il soulève lentement, et ramène à son bord une croix en pierre dégradée par les eaux. Elle est encore à Penncarc'h, où l'on peut la voir. Comment expliquer sa présence dans les courants du Raz ? Il est vrai de dire qu'une autre statue a été retirée de ces eaux profondes, mais à celle-ci on donne une origine espagnole ; on s'est contenté de lui faire un trou dans le côté, on y a mis une flèche, et l'on en a fait un saint Sébastien.

Beaucoup diffèrent d'opinion, non sur l'existence de la ville d'Is, mais sur son emplacement.

Nul ne saurait ébranler ces convictions du peuple, et laissons pour illusion à nombreuses gens, que l'étymologie du mot Paris est *par* et *is*, c'est-à-dire égal à Is. C'est du latin, mais c'est tout :

> Abaouë e confountet Is,
> Neus quet cavet par da Paris.

Terminons en disant qu'au sommet de la cathédrale, une statue équestre du roi Gradlon a été édifiée. Entre les deux clochers à jour (1), le vieux roi breton contemple sa bonne ville de Quimper et ses embellissements.

(1) M. Bigot, père, en est l'architecte.

II

ÉTUDES

SUR L'AFFAISSEMENT PROGRESSIF DU LITTORAL

—᪶᪶᪶✕᪶᪶—

Ne nous étonnons pas de cette submersion de la ville d'Is. Nommons encore la cité d'Herbadilla, près Nantes, dont parle Grégoire de Tours, elle était de sa juridiction, et fut engloutie de son temps vers 580 ; celle d'Antioche dans les Charentes, dont on voit les ruines aux grandes marées ; celle de Tolente non loin de Brest, mais ici par un affaissement du sol, celle de Nazado près d'Erquy, celle de Gardoin dans la plaine de Dol, qui disparut au temps de Charlemagne.

Depuis l'embouchure de la Loire jusqu'au Finistère, on rencontre des villes submergées ; il n'est pas une grève où l'on ne distingue des vestiges d'habitation. Le littoral du Morbihan paraît être descendu de 5 mètres à Closmadeuc.

2

Il y avait des forêts sur le rivage de Dunkerque, occupant les plages baignées par la mer. La plage d'Étaples dans le Pas-de-Calais, contenait un si grand nombre d'arbres ensevelis dans le sable que l'État a mis en adjudication le droit de les extraire. On a retrouvé, à l'ouest de Calais, les restes d'une forêt submergée, au milieu de laquelle on a reconnu des ossements d'aurochs et des coquilles d'eau douce; ce qui prouve qu'à une époque géologique récente, la côte était plus élevée que de nos jours. A cette époque, au commencement de la période quaternaire, le Pas-de-Calais n'était pas encore ouvert aux eaux de l'Océan, qui se précipitaient dans la mer du Nord. L'Angleterre était encore rattachée à la France.

L'île d'Aix, en face de Rochefort, jusqu'alors rattachée au continent, s'en est séparée vers l'an 1400. Aujourd'hui, elle en est distante de plusieurs kilomètres.

Au large de Cherbourg, le sol sous-marin est recouvert de restes, encore debout, d'une vaste forêt appartenant à des espèces végétales existantes. On peut en voir de remarquables fragments au muséum d'histoire naturelle de Paris. On a retrouvé des débris analogues au nord de l'île des *Glénans* (Finistère) et dans combien d'autres endroits encore !

Que d'exemples n'y a t-il pas d'abaissement de la côte : affaissement graduel du sol de la Hollande, de la Belgique, de la Normandie, de la Bretagne, d'une partie du littoral océanique de la France !

Quel est le degré de cet affaissement ? Les uns l'évaluent à 2 mètres par siècle, et concluent que dans dix siècles, ces terres se seront abaissées de 20 mètres, que tous les ports de la Manche et de l'Océan seront détruits, et qu'un peu plus tard, Paris sera devenu une ville maritime.

Les traditions ont gardé le souvenir que l'île de Jersey était attachée au continent pendant les temps historiques, et que même, du temps des premiers évêques, saint Lô mort en 365 et ses premiers successeurs, les habitants de l'île étaient tenus de fournir à l'archidiacre une planche pour passer, à basse mer, une rivière ou canal d'écoulement des eaux salées.

L'examen des cartes maritimes conduit à confirmer cette tradition. A Jersey et à Guernesey, la mer aujourd'hui, couvre de 15 mètres d'eau, le sol sur lequel des bois et des prairies existaient en 1340, d'après les cadastres de l'époque. La dépression conclue serait de 3 mètres par siècle.

On pourrait énumérer des exemples par milliers, et intéressants.

Quoi qu'il en soit pour l'île de Sein, je puis dire, que me promenant, un jour, avec un homme d'une cinquantaine d'années, il me montra des escaliers en pierre, entièrement recouverts d'eau, qu'il avait descendus plusieurs fois dans sa jeunesse, et qui maintenant ne se découvrent plus jamais, même aux marées les plus grandes.

J'ai raconté ce fait à M. Lacroix qui a habité l'Ile si longtemps. « Ne vous étonnez pas, » me dit-il, et il ajouta ce qui suit : « Lors des premiers travaux de l'Armen, c'est-à-dire en 1868, j'étais chargé de construire un quai à l'île de Sein, et j'employais comme remblais une notable quantité de galets pris aux grèves Sud de l'Ile. Nous avions enlevé une couche d'un mètre d'épaisseur, dont la partie supérieure était baignée par les grandes marées. J'ai été étonné de découvrir les restes d'une maison établie sur le roc. Dans un des pignons se trouvait un âtre de cheminée, contenant encore des débris de bois carbonisé et quelques cendres. Les plus anciens ignoraient l'existence de cet édifice, dont la destruction devait être de date très ancienne. On voyait que le littoral s'étendait au-delà de ce qu'il est aujourd'hui. »

La conclusion évidente était qu'il y avait affaissement du sol. La mer corrode le littoral Sud du Finistère au point que des plages de sable, tendant à disparaître, sont grandement amoindries. Des riverains contemporains en conviennent eux-mêmes.

A la pointe de Mousterlin, dans la commune de

Perguet, canton de Fouesnant, rivage que tant d'habitants de Quimper fréquentent l'été, on a mesuré la largeur des dunes il y a une cinquantaine d'années. C'était devant une propriété appartenant à M. Garabis. Le mesurage donnait une largeur de 30 mètres ; un second relevé fait de ces mêmes dunes en 1875, n'accusait plus que 4 mètres.

L'île Tudy était primitivement un amas de roches complètement entourées d'eau. Un saint moine nommé Tudy s'y retira avec quelques pêcheurs qu'il avait évangélisés au IVe siècle. Pendant un laps de temps qu'il est impossible de préciser, des sables se sont accumulés, ont transformé les dunes actuelles en presqu'île, et l'on s'aperçoit que les largeurs de ces dunes diminuent constamment.

Il y a une cinquantaine d'années, un inspecteur des Contributions Indirectes, en résidence à Quimper, annonçait que, dans les temps reculés, une communication terrestre existait entre l'île Tudy et les Glénans, îles qui sont au large, car dans les basses marées extraordinaires, on pouvait voir des troncs d'arbres alignés vers les Glénans. Il est certain que là on a trouvé des traces de forêts submergées.

Les marins de l'époque rirent beaucoup de cette idée, et cela fut considéré comme un effet d'imagination ; mais une personne digne de foi et âgée d'une soixantaine d'années, m'affirmait encore, ces temps

derniers, le fait suivant, et je lui donne la parole :
« Mes contemporains de l'île Tudy se rappellent,
comme moi, que dans notre jeunesse, aux basses
marées extraordinaires, nous allions visiter d'anciennes allées s'étendant sous la mer ; on voyait encore
des souches d'arbres rasés au sol. Je n'habite plus
l'île Tudy depuis longtemps, ajoutait-elle, mais je
tiens de ceux qui les ont vus, que ces vestiges ne se
découvrent plus. »

N'est-ce pas encore là une preuve de l'affaissement
du sol, que la mer gagne toujours à petites étapes
sur le littoral ?

III

MONOGRAPHIE DE L'ILE DE SEIN

Enès Sûn, île Sûn, voilà comment prononcent les indigènes de l'Ile, ce doit être une contraction de Sizun (île de Sizun), faisant face au cap de ce nom, dont elle a du faire partie. La cité de Sizun est à 100 kilomètres de cette île, qui fut le dernier refuge du druidisme, et où l'on ne trouve cependant ni dolmens ni menhirs.

Il y a la croix, que l'on a dressée sur un socle druidique, et on assure que les excavations creusées dans le bloc de roches à l'est de l'île, faisant face à la pointe du Raz, et ayant vue sur la mer, sur la baie des Trépassés, dominant les vagues qui viennent se briser à leurs pieds, étaient un endroit de solitude pour les Druides.

Un vicaire de l'Ile, que la solitude tentait et non la poésie du lieu, y allait chaque jour lire son bréviaire ; dans ces grottes comme creusées de main d'homme, les Druides allaient, sans doute, autrefois nasiller les *Nombres*, ce chant que tout jeune Druide devait apprendre et répéter sous la férule du maître.

L'Ile est une des communes du canton de Pont-Croix, distante de la terre ferme d'une dizaine de kilomètres. Elle fait face au cap Sizun, à la pointe du Raz, si connue des touristes qui y abondent pendant l'été, une centaine par jour et de tous pays.

Les vieux manuscrits prétendent « que sur cette terre qui rattachait l'île au continent, se trouvait la ville d'Is, engloutie avec tous ses habitants. La mer roule sur le corps des noyés ; de là les courants du détroit. Au moment où cette destruction eut lieu (une punition de Dieu qui la frappa comme Sodome et Gomorrhe), un prêtre officiait à l'autel. Il se trouve au milieu des courants, au fond de l'abîme, sa messe n'est pas encore achevée, et il est là, qui attend les bras étendus que l'on vienne lui faire des répons. » Il attendra longtemps.

En Avril 1892, après les grands froids de l'hiver, un monstre marin, un morse probablement, circulait le long des côtes de l'Ile, il cherchait à accoster. Sa tête, le soir, se dessinait au milieu des vagues, on apercevait comme de longs cheveux, c'était, disait-on, la fille du roi Gradlon, la belle Dahut, qui voulait revoir ses anciennes possessions et le théâtre de ses orgies.

De la pointe du Raz, l'Ile est à peine visible, mais
de l'Ile on aperçoit parfaitement la terre du continent. On distingue les champs surplombant les pré-
cipices de la côte ; quelquefois, par des temps bien
clairs, les animaux qui fréquentent ces lieux élevés,
et au mois de la moisson, les meules de blé construi-
tes dans ces mêmes parages. En somme, qui sait par
quel cataclysme l'ouverture emre le continent et
l'Ile s'est faite, et l'Ile est-elle destinée à disparaître
un jour ?

M. de Lapparent donne, par ses calculs, trois mil-
lions d'années à notre pauvre planète. Celle-ci rongée
par le travail des eaux, disparaîtrait et ne laisserait
place qu'à une surface liquide. Ces grands savants
ne doutent de rien. D'ici là nous pourrons encore
rendre visite à cette bonne Ile, si redoutée des navi-
gateurs et cependant si hospitalière pour quiconque
voudra se donner le plaisir de la visiter. Lecteurs
accompagnez-moi : *all right !* tout va bien.

Deux fois par semaine, hiver et été, le bâteau-poste qui prend des passagers, fait la traversée d'Audierne à l'Ile, et *vice-versâ*. Sur la semaine, d'autres occasions se présentent ; on profite d'un bâteau venu à Audierne pour y transporter le produit de sa pêche.

Longeant le beau môle d'Audierne, dominé par l'agreste enclos des Capucins, propriété de M. l'Inspecteur général Fenoux, de chaque côté on admire les usines de pêche, dites *fritures*. Une fois la barre franchie, se dressent soudain devant vous, à gauche, et à peu de distance, les brisants si funestes de la *Gamelle*; dans le lointain, le phare de Penmarc'h, et les rochers noirs de la côte escarpée ; bientôt ce sera le phare d'Ecmulth. A droite, se déroulent les côtes abruptes du cap Sizun, quelques plages de sable blanc comme la neige ; la magnifique chapelle de Saint-Tugen se laisse deviner au milieu d'un bouquet d'arbres, et peu après on arrive au pied des dunes au sommet desquelles se trouve perchée la chapelle de Notre-Dame-de-Bon-Voyage *(ar Veac'h-Vad)*.

Le jour de la fête de cette patronne des marins, vous les voyez pieds nus, portant des cierges, et quand le

temps le permet, du moins c'était une coutume antique et elle existe toujours, des bâteaux de l'Ile-de-
Sein viennent aussi rejoindre la procession qui se
fait au continent, et y amener les bannières de Celle
qu'ils invoquent dans le danger.

Quand le bâteau qui vous mène à l'Ile est arrivé
au pied de ces dunes élevées au-dessus de la mer et
ses flots en furie, le patron de votre barque se décou-
vre, vous fait signe d'en faire autant et l'on dit une
courte prière, qui peut se résumer en ces mots :

« Doue va sikourit, evit tremen ar raz
« Ar vag a zo bihan, ac ar mor a zo bras !

« Seigneur secourez-moi au passage du Raz, la
barque est petite et la mer est grande ! »

On entre aussitôt après dans le Raz de Sein que
dominent ses phares et ses fanaux.

Que de fois l'hiver n'a-t-il pas fallu rétrograder,
regagner le port, et souvent pour réparer des avaries !

« Biscoas den ne tremenc ar raz
« Nun deveze aoun pe glas.

« Jamais personne ne passa le Raz sans peur ni
mal », proverbe connu.

Le Raz de Sein est un bras de mer, qui fait com-
muniquer la mer gauche, *ar mor glei*, au Nord, avec
la mer droite, *ar mor deo*, au Sud. La mer gauche
c'est la baie des Trépassés, c'est l'entrée de celle
de Douarnenez, les passages du Tévennec et de
l'Iroise. La mer droite, nous donne la baie d'Audierne,
de la Queue des Chats, roches extrémité-Sud de l'Ile
de Sein à la pointe de Penmarc'h. Là, la mer enfle à
briser en aussi peu de temps qu'on met à manger
une écuellée de soupe.

Les légendes des tempêtes effroyables de ces parages, les histoires des pilleurs d'épaves d'autrefois, des
fallots allumés et attachés aux cornes des bestiaux
sur les dunes de la côte, étaient jadis un sujet d'épou-
vante, aujourd'hui on en fait bon marché. De nombreux phares éclairent la route et indiquent le chemin. Les capitaines des navires à voiles, pour entrer
dans le Raz et le traverser, calculent l'heure des courants, et ces courants varient à toute heure de la
marée. Ceux du large viennent choquer le jusant du
détroit et forment remous autour des rochers. Aux
trois dernières heures du jusant, la marée du Raz
porte sur les écueils de la *Vieille Gorlébella*, bloc
immense de roches superposées que surmonte un

phare de 1re classe. Dans les temps calmes, rien ne
peut tirer un navire à voiles pris dans ces remous.
La houle du large le porte en travers, et alors, comment pourrait-il gouverner :

> « Nep ne sent ket, ouc'h ar stur,
> « Ouc'h ar garrec a ra sur.

Ce qui signifie : « Si le navire n'obéit pas au gou-
vernail, il le fera sûrement au rocher. » En effet, les
tourbillons des remous saisissent le pauvre navire,
qui d'abord talonne sur quelque fond et finalement
disparaît ; les courants sous-marins s'en emparent à
leur tour, et plus tard, mais longtemps après, les
débris se retrouvent en morceaux sur les plages de
la baie des Trépassés, heureux quand les pauvres
marins ont pu se retirer à temps dans les canots du
bord.

✝✝✝

Que de richesses englouties dans ces parages,
bonheur du riverain, quand le douanier n'est pas là.
Il guette un baril de rhum, de vin, une caisse de fro-
mage, de dentelles quelquefois, souvent des produits
exotiques, des bois de tech, des billes énormes d'aca-
jou.

Combien parmi nous se rappellent encore les quantités d'oranges et d'avelines que le flot apportait sur la grève et sur le sable, il y a de cela une vingtaine d'années. Quelle ample provision chacun de nous dut faire ? C'est rare maintenant, mais autrefois, hélas ! (Lisez Cambry, *Voyages dans le Finistère*, édition 1836.) Vingt-trois navires sont venus se perdre la même année, sur les rochers, à la *Queue des Chats* au Sud de l'Ile.

Jadis, au cri de ralliement : « *Pase zo an od :* Il y a des épaves à la côte ! » les riverains se hâtaient de courir à l'endroit signalé. Une espèce de syndicat était formé pour le pillage des navires, quelques vigies à l'œil exercé surveillaient à tour de rôle. Après le pillage, part égale ; les absents n'étaient pas oubliés. Que de scènes terribles et d'orgies se sont ainsi passées ?

Ces faits ne remontent pas déjà si haut.

Si la douane, si les gendarmes n'étaient pas là pour leur inspirer une crainte salutaire, les mêmes actes se reproduiraient.

Quelles peines n'a-t-on pas eues à sauvegarder les épaves du *Catégat*, sous Saint-Tugen, et celles de la *Joséphine-Henriette !* De nombreuses et récentes condamnations ont été prononcées dans ces circonstances par les tribunaux, aux côtes de Penmarc'h et ailleurs.

« C'est la Providence qui nous envoie cela, » disent-
ils, et ils ne sauraient considérer ces larcins comme
des vols ; pour eux ce sont des profits licites. Un
instant avant, ils auraient risqué leur vie pour sauver les équipages ; quant aux épaves, c'est autre
chose, et à l'appui de ce que j'avance, je donnerai ce
renseignement (1) : A l'arrivée à l'Ile des employés
des Ponts et Chaussées, chargés des études prélimi-
naires du phare, les habitants firent un simulacre
assez sérieux de révolte, et la menace d'une répres-
sion armée put seule les faire rentrer dans l'ordre.
Cette tentative de révolte ne paraîtra pas étonnante
lorsqu'on saura qu'avant cette époque, ces insulaires
trouvaient une source de revenus dans les nombreux
naufrages qui avaient lieu dans ces parages, l'Ile
étant alors très peu visitée, pour ne pas dire incon-
nue à d'autres qu'aux habitants. Il n'en est plus de
même, il n'est plus ce temps d'ignorance où l'on pouvait citer cette exclamation d'une femme de l'Ile en
arrivant à Quimper, où elle avait été appelée comme
témoin dans une affaire de justice : « Mon Dieu, je
n'aurai jamais cru le monde aussi grand ! » Depuis,
les choses ont bien changé, les communications sont
devenues faciles et fréquentes entre l'Ile et le conti-

(1) Le 28 Juillet dernier, les journaux publiaient un vol consi-
dérable commis à l'échouage, près de l'Ile, du navire à vapeur
La Guyenne.

nent ; les chemins de fer ont aidé à cette transfor-
mation ; les habitants, très religieux, se rendent
chaque année en bon nombre aux lieux de pèleri-
nage lointains ; ces familles entières partent pour
Lourdes, pour Sainte-Anne d'Auray. J'en connais
qui, à plusieurs reprises, confiaient les clefs de leur
demeure à des étrangers, et tous, père, mère, enfants,
se rendaient à Lourdes et faisaient un voyage d'une
semaine entière.

La croyance au droit d'épaves, commune à toutes
les populations des côtes, ne saurait infirmer l'élan
de leur héroïsme pour le sauvetage des naufragés.

Entr'autres exemples, citons une famille seulement : la famille de Jean Le Berre, de Plouhinec ;
elle s'était déjà signalée. Un jour ils apprennent, le
père et le fils, que les marins du navire anglais
Horlis se trouvaient en détresse ; le père est déjà
âgé ; ils savent que quatre marins sont en perdition
à 400 mètres au large, sous ce qu'ils appellent
an od bras, la grande grève. Tous les deux se jet-
tent à la mer, l'un ramène sur ses épaules le capitaine du navire. Les marins furent rapportés sur le
sable après beaucoup d'efforts et de peines, la mer
était démontée.

Les sauveteurs obtinrent l'un une médaille d'or et
l'autre une médaille d'argent. Plus tard, le capitaine
fit parvenir à son sauveur une somme de 300 francs.

Quand les mobiles du Finistère partaient en 1870, pour aller à Paris, le fils Jean Le Berre n'avait que vingt ans ; en costume national, il portait sur sa poitrine trois médailles ; depuis il en a cinq, deux en or et trois en argent. Il y a quelques années, il fut convoqué à la Société si remarquable de Sauvetage des Naufragés, et son voyage lui fut payé ; il se montre très fier de cet honneur.

Qui ne se souvient d'une femme au type énergique, Thérèse Cabon ? Elle a arraché à la mer bien des victimes, et cela à la nage. Elle obtint, sous l'Empire, la gérance du bureau de tabac de Primelin. On lui faisait plaisir en contemplant ses médailles, qu'elle avait la gloire de montrer aux visiteurs.

Lors de la fête donnée, sur l'initiative de M. Le Bail, maire de Plozévet, au centenaire du naufrage célèbre du navire *Les Droits de l'Homme,* une brave riveraine se présentait aussi avec une médaille sur la poitrine.

Tout ce que je viens de dire n'est pas pour effrayer le voyageur qui se rend à l'Ile. Bien que vous soyez entré dans le Raz, ne craignez rien ; les marins qui vous conduisent sont habiles et la barque solide, vous arriverez sûrement à bon port. Dans tous ces courants, affirment les pilotes, c'est l'oreille qui guide, et ils tiennent la barre d'une main ferme. Ne redoutez pas le mal de mer : on

n'est malade que parce que l'on se dit par avance
qu'on le sera. Cette traversée est la terreur des
femmes de l'Ile qui, plus que les autres, paient ce
tribut à la mer. Du reste, c'est de courte durée, et
nul ne songera à rire de vos crampes douloureuses,
c'est plus salutaire que les pilules Géraudel.

✝✝✝

La barque contourne le Nerroch, un petit îlot,
amas d'énormes rochers que la mer couvre d'écume,
et y laisse par les chaleurs, dans les interstices de
la pierre, le sel le plus fin. Cet îlot contourné, vous
entrez de suite dans un bassin d'eau plus calme, et
vous êtes étonné de trouver à l'ancre un vapeur ;
c'est le *Porstrein*, bateau des Ponts-et-Chaussées ;
quelques chasse-marée chargés de bois ou en relâche
à l'Ile ; des bateaux-viviers pleins de langoustes et
de homards ; des canots se balançant à la lame ; des
bateaux de pêche non armés. Après environ deux
heures qu'a duré la traversée, vous atterrissez ;
l'atterrissage est facile. Il y a toujours nombreuse
compagnie à l'arrivée du bateau. Si vous êtes connu,
les poignées de main abondent, si vous êtes étran-
ger, des visages souriants vous accueillent.

Mais il se fait tard, et l'on est fatigué ; on vous indique un gîte, car il n'y a pas d'enseignes à l'Ile. Une bonne soupe au poisson vous sera servie, il y aura aussi des provisions fraîches, car vous avez vu débarquer à la cale ce que Jean du Fouilloux appelle des *harnais de gueule*. Et le soir, dans un bon lit, vous dormez sûrement, vous croyant encore bercé par les flots du détroit.

Levé de bon matin, vous allez faire votre promenade : l'Ile est déjà en mouvement, et à chaque pas, vous trouvez un salut bienveillant, un mot aimable.

L'Ile s'étend en longueur, à peine a-t-elle deux kilomètres de large. A l'arrivée, faisant face au Midi, une rangée de maisons peu élevées, mais propres, avec des ouvertures peu grandes, toutes bien garanties par des persiennes peintes en blanc ; le côté de l'Est, faisant face au Raz présente le même aspect. Sur la ligne, du Midi, tout-à-fait en dehors des habitations, sont situés les bâtiments qui protègent le bateau de sauvetage et les matériaux que l'Administration tient toujours en réserve.

A part ces deux rangées de façade, le reste est une agglomération de maisons, les unes sur les autres, sans rues, car peut-on appeler rues des méandres dont le plus large n'a que 1 mètre 20. L'irrégularité des rues se justifie par l'abri qu'elle donne aux habitations dans les tempêtes, et leur étroitesse est due, d'une part, à la nécessité d'avoir le plus de sol cultivable, et d'autre part, à un règlement local, qui leur assigne comme largeur un peu plus que celle d'une barrique ordinaire.

L'église est au centre, surmontée d'un petit clocher ; à côté se trouve le presbytère. L'église n'est pas grande, mais propre, entourée du cimetière où dorment les parents, ce sont presque tous les mêmes noms : Thymeur, Porsmoguer, Guilcher, Milliner, Fouquet, Piton, Cuillandre.

Sur les muretins du bourg, vous caressez d'énormes goëlands domestiqués, ils vous donnent en signe de salut, un petit sifflement plaintif, tel qu'on l'entend dans les tempêtes, mais plus aigu et plus sinistre au milieu des rafales du vent qui l'apportent au loin. Le long des quais circulent des cormorans apprivoisés, ils vont et viennent d'une cale à l'autre, font quelques essais sur la mer, et reviennent se poser sur les pierres du quai. A la longue, ils prennent leur vol pour le large, et ne retournent plus ; vive la liberté ! l'amour y est bien aussi pour quelque chose.

✝✝✝

Sur le quai, vous retrouvez le même mouvement que la veille. De grandes balances pèsent les congres

de la pêche ; de légers canots où godillent les jeunes
filles de Paimpol, visitent les bâteaux-viviers, qui
renferment langoustes et homards. Il y a aussi
d'énormes crabes, des araignées de mer qui ne
vivent pas toujours en bonne intelligence.

Sous vos yeux ébahis passent des turbots mons-
trueux. Ils font songer à celui pour lequel Tibère fit
rassembler le sénat romain qui devait délibérer et
indiquer à quelle sauce on devait manger ce phéno-
mène. Pauvres sénateurs, vénérés pères conscrits,
on vous mettait à cette époque à toutes les sauces.

Ah ! mais, me direz-vous, ils doivent donc faire
bombance de poissons exquis et choisis ? Vous vous
trompez ; souvent un turbot que l'on n'a pu expédier
à temps, n'est pas considéré comme un régal, il sert
à amorcer les casiers. Certes, ce n'est pas là le régal
des *iliens*, c'est ainsi qu'ils se nomment et que nous
les nommons. Des pommes de terre en robe de cham-
bre sur lesquelles est étendu, pendant la cuisson, un
lit de poisson sec. Aussi, voyez-vous pendant tous les
jours d'été chaque ménagère et même le marin qui
n'est pas à la mer, préparer cette précieuse conserve,
chaque endroit un peu élevé en est couvert ; on les
retourne souvent.

Ils sont icthyophages, c'est vrai, mais le plat pré-
féré, le mets par excellence est la *vieille*. Ce poisson
aux reflets blancs, bleus, roses, est un saxile, c'est-à-

dire qu'il circule autour des rochers qui avoisinent
l'Ile et les récifs si nombreux dans ces parages. Quel
régal, mes amis ! « c'est *distingué*, » disent-ils ; oui,
mais quelle soif après, et ne soyez pas surpris quand
je vous dirai que l'Ile possède 24 auberges pour une
population de 805 habitants.

Rien d'étonnant dans ce nombre d'établissements
hospitaliers. Quel mal y a-t-il pour un marin qui
rentre après 12 à 15 heures de mer, de jour ou de
nuit. Il a dormi sur les bancs humides, est rentré
mouillé après avoir vigoureusement ramé, luttant
contre une mer démontée, contre des courants violents. Il n'a eu souvent, pendant ce temps d'un
labeur si pénible, qu'un morceau de pain, assaisonné
d'une tranche de lard froid, quand ce n'est un morceau de poisson sec ; pour boisson quelques gorgées
d'eau pure, quelquefois tiédie par un soleil ardent.

Ne sont-ils pas, du reste, de cette race d'hommes,
dont le vénéré et regretté évêque de Quimper,
Mgr Graveran a dit :

« O peuple breton, si religieux, si moral, le jour
« où tu passeras sans t'arrêter devant ces tavernes
« maudites, tu seras le premier des peuples : mais si
« jamais à l'ivresse de tes dangereux breuvages, tu
« joignais l'ivresse de l'impiété, malheur : tu serais
« une nation intraitable ! »

Et c'était un vrai ami du matelot celui-là.

Quand ce brave pêcheur y stationne, quand il boit
une bonne goutte, il rentre chez lui heureux et con-
tent et recommence le lendemain sa dure vie. Il n'a
pas un murmure pour son sort, pas un moment d'en-
vie pour ce Lucullus de la ville, qui a, sans contredit,
payé cher ces poissons, cueillis avec tant de fatigues, au milieu de tant de dangers. Braves pêcheurs,
vous dormirez probablement plus tranquillement
que tous ces Apicius dont l'estomac blasé réclame
chaque jour de nouveaux condiments. Ce sera
encore les bras forts et nerveux de vos enfants qui
conduiront à la lutte nos braves soldats allant allè-
grement se faire tuer pour soutenir au Dahomey, au
Tonkin et à Siam l'honneur de la France, défendre
dans ces pays éloignés, les intérêts souvent égoïstes
des factoreries des riches maisons de Marseille et de
Bordeaux !

☩

Quand j'ai dit que l'Ile a 805 habitants, je parle de
l'hiver. Pendant l'été, la population se double par
une immigration de familles de Paimpol (Côtes-du-
Nord), et autres endroits. Ils viennent à l'Ile pour la
pêche des crustacés, quand quelque sinistre ne les
arrête pas en mer, comme cela n'arrive que trop fré-

quemment. Il faut du courage, de l'énergie pour arriver de si loin, dans une chaloupe de quelques mètres, d'un tonnage si léger, avec une famille de femmes, de jeunes filles et d'enfants. C'est le cas d'appliquer ces vers d'Horace :

Illi robur, æs triplex
Circà pectus erat.

Se mettront-ils en grève quelquefois ? Oh non ! ce n'est pas pour l'amour de la mer, de la danse sur les flots bleus qu'ils entreprennent ce trajet. Ils ne viennent pas réclamer, comme ces ouvriers favorisés de nos usines, que l'on plaint tant et qui sont plus rémunérés que tant de fonctionnaires besoigneux, tant de braves cultivateurs honnêtes et économes, des journées de trois huit ; huit heures de travail, huit heures de sommeil, huit heures de repos. Non, ces braves marins sont chrétiens, ils savent comme l'on dit en Angleterre, « *struggle for life,* » la lutte pour la vie, ils savent qu'il ne suffit pas de dire à Dieu, « donnez-nous aujourd'hui le pain quotidien, » ils doivent l'obtenir par un labeur pénible et dangereux. Comme leurs frères qui vont affronter la mort sur les mers d'Islande, qui les déciment chaque année, l'année suivante les plus jeunes prennent leur place ; il faut gagner du pain aux veuves de leurs aînés et aux orphelins qu'ils ont laissés !

La campagne de l'Ile n'est pas grande : il n'y a
pas un arbuste même rabougri. Il y a quelques îles
plus grandes, surtout près des côtes anglaises, où les
lapins abondent ; ils sont pour les plaisirs des chasses
des lords tenanciers. A Sein, il n'y a pas un gibier,
beaucoup de lézards gris se chauffent au soleil qui
brille sur les rochers de la côte, et au moindre bruit
se cachent dans les fentes. On n'y voit pas une cou-
leuvre. J'ai donné, il y a nombreuses années, une cou-
leuvre des blés conservée dans l'esprit de vin, on la
montrait comme un serpent.

A l'Ile, que de petits champs, vous croyez voir un
cimetière, pas de clôtures, du moins pour une grande
partie. Ce sont des mamelons convexes, de trois à
quatre mètres de large sur cinq mètres de long.
Chacun a son lot et souvent la récolte s'empile dans
un simple drap qui n'est pas des plus grands. Que
récoltent-ils donc ?

Je dirai d'abord que s'ils donnent de la convexité
à leur petit lopin de terre, ce n'est pas qu'ils craignent l'humidité du sol, il y est sec et sablonneux, ils
veulent simplement présenter une plus grande surface à la culture. L'engrais qu'ils apportent est tou-

jours le même, c'est le fumier d'une à deux vaches,
le fumier de leur porc. Des pommes de terre alternant
avec de l'orge, voilà le produit : il faut reconnaître
que le rendement est très fort, extraordinaire même ;
il est loin néanmoins de suffire aux besoins des habitants. (1) L'orge est mise en mouture, et sert à faire
du pain, on consomme rarement du pain de seigle.

Regardez bien, touristes de la Pointe du Raz, au
centre de l'Ile est un moulin à vent. Il a été construit
par l'ancien maire, Milliner, nom prédestiné, car il
veut dire *meunier*.

A quelques pas de ces clôtures, se trouve dans un
amoncellement sablonneux un tumulus, *la Tombe des
naufragés anglais*. Pauvres marins ! ils dorment là
près de la mer qui les a engloutis, ignorés de leurs
familles qui les croient au fond des abîmes ; ils ne
savent pas que quelques marins·bretons vont prier
sur leurs tombes... Qu'ils reposent en paix ! Il y en a
de toutes les nationalités ; j'y ai vu mettre des Espagnols après le naufrage du *Mesquidor*.

(1) Le sol de l'Ile ne produit que pour trois mois de vivres, en
céréales, pommes de terre, etc.

✝

A la sortie du bourg, un peu à l'écart, se trouve une source d'eau douce ; on descend sous terre par un escalier en pierre à 7 ou 8 mètres. Au sommet un petit muretin en pierre sur lequel chaque jeune femme dépose sa cruche à anse, et reste faire la causette. Ce puits est tel qu'on en représente dans les bibles illustrées, dans un désert aride et près de la bourgade.

Cette eau n'est pas suffisante, chaque maison bien tenue à l'Ile a sa citerne alimentée par les eaux de pluie ; il en faut beaucoup d'autre, et dernièrement on expédiait par un vapeur à l'Ile cent tonneaux d'eau douce. Le coût, me disait le courrier de l'Ile, était de 20,000 francs. Cette eau venait de Brest. Aussitôt son arrivée, elle est déversée dans quelques citernes particulières, telles que celles du Curé, des Sœurs, et elles deviennent alors communales.

En vous avançant un peu plus loin dans la campagne, et au-delà des champs cultivés, vous retrouvez abrité par quelques roches grises, un petit cimetière datant de l'année du choléra. A la suite, vous entrez sur un terrain couvert de galets, d'où vous apercevez la mer des deux côtés. A faible distance, quelques dunes arides vous conduisent au pied du phare.

Ce phare est de première classe, sa portée de 20 milles, sa hauteur de 45 mètres, blanc à éclat de 4'' en 4'' et secteurs rouges. Si vous y êtes le soir, sept ou huit feux de phares et fanaux brillent à l'horizon. Tout voyageur devra le visiter, ses gardiens complaisants le prieront d'inscrire son nom sur le registre, les visiteurs étant peu nombreux.

De là, la vue s'étend au loin, on domine toute l'Ile, le Raz, la baie des Trépassés, les côtes de Cléden-Cap-Sizun, la Chaussée de Sein, le large en un mot.

Quelquefois apparaissent les îles de l'archipel d'Eussa, du moins l'île Molène. Le jour et le soir, passent à proximité des steamers de toute nationalité. Quand, la nuit, ils poursuivent leur marche, leur route éclairée par leurs feux, blanc et rouge, en dansant sur les flots, ils semblent vous saluer.

✝✝✝

De tous les phares qui vous environnent, le plus rapproché est le phare de l'Armen. L'histoire du phare de l'Armen rentre dans la monographie de l'île de Sein, n'est-il pas sur la Chaussée de Sein ?

C'est de l'Ile qu'il a été construit, c'est à l'Ile que l'on voyait préparer les matériaux, c'est de l'Ile que l'on approvisionne les gardiens, et c'est à l'Ile que vient se reposer celui qui est en non service et qui retournera remplacer son collègue. Il en est distant d'une dizaine de kilomètres, les plans qui vinrent de Paris ont figuré à l'Exposition de Vienne, en Autriche, il fut commencé en 1867. Sa hauteur au-dessus de la roche est de 26 mètres et sa portée de 20 milles.

La conduite des travaux et la direction des braves ouvriers qui allaient y risquer leur vie réclamaient un homme de dévouement et de patriotisme. Cet homme vaillant fut l'honorable M. Lacroix, bien connu à Quimper et dont la modestie égale le mérite. Ses services loyaux et courageux furent récompensés de la croix de la Légion-d'honneur, et tous y applaudirent. Il était revêtu, comme les ouvriers, de la ceinture de sauvetage, à l'époque où l'on ne pouvait travailler qu'une heure par jour, sur cette roche de quelques mètres de large, et encore le temps ne le permettait pas tous les jours.

On eut à déplorer la perte d'un seul homme ; il avait négligé de mettre les bretelles de sa ceinture de sauvetage qui bascula et lui mit la tête au fond de l'eau.

M. Lacroix ne resta guère plus de quatre années à

la direction du travail ; sa santé était compromise
par ses travaux et par le régime alimentaire abso-
lument défectueux. L'honneur de la construction et
de l'achèvement revient à M. Probesteau qui, lui
aussi, y a bien gagné la croix des braves. Plus d'une
fois il exposa sa vie ; un jour, en particulier, il ne la
dut qu'à l'emploi de son couteau ; il était revêtu éga-
lement de la ceinture de sauvetage.

Maintenant, quels éloges décerner à ces braves
gardiens, pendant de longs mois loin de tout, ne
voyant ni mer, ni cieux, quand la tempête mugit,
quand la mer irritée semble s'acharner à vouloir renverser cet obstacle que le génie de l'homme a dressé
devant elle pour essayer de mettre un frein à son
talent de destruction. Ces braves gens sont là, ils
allument le phare à heure dite, et parfois le jour
quand la brume est dense, épaisse à couper au couteau, ils donnent du sifflet, la sirène retentit, lance
des mugissements qui se répercutent au loin, et les
navires se garent du danger. Qui n'a lu le drame
émouvant du phare, de Wilkie Collins. « Après une
« tempête qui dure des semaines entières, sans espoir
« d'aucun secours, toutes les provisions sont épuisées,
« quelques gouttes de rhum restent pour les trois
« gardiens. Le vieil Aaron est devenu fou, son fils ne
« peut se consoler, car il doit dans la semaine épouser
« la douce Phœbé qui elle aussi pleure à la terre.

« Gurnoch, le troisième gardien est le seul qui puisse
« faire agir le *gong* qui retentit. Aaron, dans sa folie,
« voit des tâches de sang partout, et dans son délire
« avoue à son fils un crime d'épaves ancien... »

Souvent le phare de l'Armen sert sur ces côtes de
refuge aux malheureux naufragés : et par des
signaux adressés à l'Ile, l'équipage du bateau de
sauvetage vient les prendre, les ramener à l'Ile,
après qu'ils ont été bien soignés et bien reconfortés.
Il y a des provisions, le cas échéant, dans les réserves
du phare.

✝✝✝

La Chaussée de Sein èst tristement célèbre, elle a
reçu le surnom de *terrible*, c'est le point le plus péril-
leux des côtes de France, et peut-être du monde
entier. C'est le seul endroit où le marin breton ne
passe jamais sans angoisse. Elle avait préoccupé la
Commission en 1825. En Avril 1860, la Commission
des phares demanda que la question fût examinée.
Elle reconnaît que trois têtes de rochers émergent
dans les grandes marées ; *Madiou*, *Scho-meur* et
Ar-Men.

Les deux premières se découvrent à peine, et la
troisième s'élève à environ 1 mètre 50 au-dessus des

plus basses mers. Après bien des études, la Commission put s'arrêter à un programme. M. Ploix, ingénieur, concluait à une construction sur *Ar - Men.* « C'est une œuvre excessivement difficile, presque impossible, disait-il, mais peut-être faut-il tenter l'impossible eu égard à l'importance capitale de l'éclairage de la chaussée. » Les courants qui passent sur la Chaussée de Sein sont, en effet, des plus violents, au-delà de neuf nœuds à l'heure dans les grandes marées.

On se mit résolûment à l'œuvre en 1867. Dès qu'il y avait possibilité d'accoster, on voyait accourir des bateaux de pêche. Deux hommes de chacun d'eux descendaient sur la roche, munis de leur ceinture de sauvetage, se couchaient sur elle, s'y cramponnant d'une main, tenant de l'autre un fleuret ou un marteau, et travaillaient avec une activité fébrile, incessamment couverts par la lame qui déferlait par dessus leurs têtes. Si l'un était entraîné, par la violence du courant, sa ceinture le soutenait, et une embarcation allait le reprendre pour le ramener au travail.

A la fin de la campagne, on avait pu accoster sept fois, et en tout huit heures de travail, quinze trous étaient percés sur les points les plus élevés ; premier pas vers le succès. L'année suivante, les difficultés étaient plus grandes, mais on avait de l'expérience ; seize accostages et dix-huit heures de travail.

La construction proprement dite est de 1869, il fallait une prise des plus rapides, car on travaillait au milieu des lames, parfois arrachant de la main de l'ouvrier la pierre qu'il se disposait à mettre en place. Un marin expérimenté, adossé contre un des pitons du rocher était au guet, et l'on se hâtait de maçonner quand il annonçait une accalmie, de se cramponner quand il prédisait l'arrivée d'une grosse lame. Les ouvriers, l'ingénieur, le conducteur qui encourageaient toujours les travailleurs par leur présence, étaient munis de ceintures fournies par la Société de sauvetage, et d'espadrilles destinées à prévenir les glissements. A la fin de la campagne de 1869, on avait exécuté 25 mètres cubes de maçonnerie, que l'on retrouva intacts l'année suivante. En 1870, on accoste huit fois, on passe sur la roche dix-huit heures cinq minutes; en 1871, on accoste douze fois et l'on travaille vingt-deux heures, enfin, en 1872, on avait en tout 144 mètres cubes 50, et la dépense était de 135,336 francs.

Ce travail a été conçu et arrêté dans ce qu'il a d'essentiel, par M. Léonce Reynaud, sous la direction de M. l'Ingénieur en chef Planchat; les ingénieurs ordinaires étaient : MM. Joly, de 1867 à 1868, et Cahen, depuis 1869, MM. Lacroix, conducteur principal, et Probesteau, conducteur auxiliaire. « Je regrette, « disait le Ministre des Travaux publics, de ne pou-

« voir ajouter à ces noms ceux de ces braves marins
« et ouvriers bretons, qui, inconscients de leur titre
« à l'admiration, ont à force d'énergie et de dévoue-
« ment assuré le succès d'une entreprise plus hardie,
« plus téméraire pourrait-on dire, qu'aucune de celles
« du même genre. »

Je résume tous ces travaux, et ces expressions
techniques, que je dois à l'obligeance de M. Lacroix,
qui m'a confié son manuscrit. La durée des travaux a
été de quinze années. Les dépenses de la construction
de l'ouvrage, l'achat du mobilier, etc., ont été de
931,300 francs, la valeur de la lanterne et accessoires
de 68,700 francs. Le mètre cube a donc dépassé
900 francs, et le tout peut être évalué en chiffres
ronds à un million de francs. Le phare a été allumé
définitivement le 30 Août 1881. A minuit, heure dési-
gnée habituellement, parce qu'elle est le commencement de chaque journée, et que les publications qui
se font dans le monde entier civilisé, indique cette
heure pour tout édifice du même genre que l'on met
en fonctions.

Une après-midi, à l'époque de la grande marée, je
fus informé qu'on allait ravitailler le phare d'Armen,
opération grosse de difficultés, car il faut profiter du
moment psychologique pour y aborder. Une place
me fut offerte sur le vapeur *le Porstrein,* j'acceptai.

« Vous avez choisi, me dit le mécanicien, un rude

« temps pour faire la promenade. » A cet endroit, en
effet, la mer se gonfle instantanément ; il n'y avait
plus à reculer ou à filer de l'huile sur les vagues que
nous fendions. Ayez le pied marin si vous voulez
admirer l'horizon, sinon le tangage, vous rejetant
sur votre banc, réprimera bien vite les élans de
votre curiosité.

A quelques encâblures du but de notre sortie,
flottait une bouée, corps-mort solide, point de mouillage pour tous bateaux. D'un adroit mouvement un
matelot saisit la bouée qui devait maintenir notre
vapeur, préposé seulement à la surveillance du ravitaillement. Deux matelots en descendirent, au mépris
du danger, dans une légère embarcation, pour rejoindre un petit navire à voiles qui se balançait non
loin de nous et à bord duquel on distinguait des
marins. Bientôt nous aperçumes des cordages partant
d'une des lucarnes du phare, et il se produisit un va-
et-vient. Des barils, des caisses, des paniers s'en allaient pleins, d'autres revenaient vides. D'énormes
oiseaux de mer tournoyaient au-dessus de nous en
lançant dans l'air ce cri plaintif et sinistre qui s'entend au sein des tempêtes. Savaient-ils que c'étaient
des provisions fraîches que l'on apportait et en dé-
siraient-ils leur part ?

De la galerie du phare, un homme se laissa glisser
le long des cordages raidis autant que possible, bal-

lottant néanmoins. Lorsqu'il fut au bas, un autre
grimpa par cette échelle d'un nouveau genre. Alors
le capitaine du *Porstrein*, jugeant qu'il était impossible de terminer la besogne ce jour-là, l'état de la
mer devenant menaçant et le temps sombre, donna
le signal du retour à l'Ile que nous regagnâmes en
contournant le Raz au-delà de la *Queue des Chats*.
Il était une heure du matin et je me promis bien de
ne plus prendre part au ravitaillement de l'Armen.
Le navire à voiles, d'un faible tirant d'eau, avait
suivi une route plus directe, aux passes accessibles,
et nous avait devancés. Le gardien qui avait effectué
d'une façon simple, à ses yeux, la descente périlleuse
par les cordages, rit de mes frayeurs, il revenait à
l'Ile prendre un repos de trois mois.

⁂

Du phare on signale les naufrages quand, de l'Ile,
on ne peut les apercevoir. Aussitôt les marins du
bateau de sauvetage, appelés au son prolongé du
bouquin, endossent leurs ceintures, mettent en un
moment l'embarcation à la mer et volent au secours
de ceux que les flots en furie menacent d'engloutir à
jamais. J'ai pu constater leur intrépidité.

Le lendemain même du ravitaillement, après une lutte acharnée et des efforts inouis, ils sauvaient 19 marins espagnols. Ces pauvres gens, à demi-nus et glacés, avaient tout perdu ; leur navire, le *Mesquidor*, avait sombré avec sa cargaison de minerai, venant de Bilbao. Le capitaine, comme le reste de l'équipage, qui s'était embarqué à la hâte dans une chaloupe, périt victime de son imprudence. En voulant repêcher son chapeau, enlevé par le vent, il fit un faux mouvement et tomba à la mer, inutile était de songer à le saisir, on l'abandonna à son malheureux sort, il en fut de même du mousse.

J'étais présent à l'arrivée des naufragés, heureux d'avoir échappé à une mort certaine, ils racontèrent les péripéties de leur naufrage. Le syndic de la Marine, leur procura un gîte et leur offrit de se réconforter chez le brave Porsmoguer. Rien cependant ne leur fut plus agréable qu'un paquet de tabac déposé sur la table. C'était un plaisir de les voir rouler des cigarettes, tout papier leur semblait bon et la plus longue cigarette était la meilleure.

Aucun de ces marins ne savait le français. Dieu merci ! les interprètes ne manquaient pas ; beaucoup à l'Ile avaient fréquenté les côtes ibériques. Le lendemain ils partirent pour Audierne, d'où ils furent immédiatement rapatriés par les soins de M. Fenoux, vice-consul d'Espagne.

Un mois après, un pareil accident survenait. Un navire chargé aussi de minerai, coulait et, triste coïncidence, le même jour on ramenait à l'Ile le cadavre défiguré du capitaine du *Mesquidor*.

Une légende se fit : on prétendit que le capitaine du navire perdu la veille avait reconnu, dans les traits certainement méconnaissables du mort, ceux de son propre frère, parce qu'il avait pleuré ; il n'en était rien. La triste vue du cadavre d'un compatriote déchiqueté par les crabes, la pensée de l'état dans lequel il eût pu se trouver lui-même sans ses héroïques sauveteurs, étaient assez émouvantes pour lui arracher des larmes. Se joignant au cortège, il conduisit à la *Tombe des naufragés* ces pauvres restes humains, et ses prières s'unirent à celles des habitants de Sein.

Ces sorties du bateau de sauvetage ne sont pas rares ; l'hiver les alertes sont fréquentes et toujours ces intrépides marins sont dévoués, sans souci des récompenses, qu'ils ne sont plus à compter.

Dernièrement, on pouvait lire dans les journaux le sauvetage des dix hommes d'équipage du trois-mâts français *Joséphine - Henriette*, le 25 Décembre 1892. C'est pourquoi la Société centrale des Naufragés attribuait le prix Méquet au canot *Sainte-Marie*, de l'Ile de Sein, pour deux sauvetages accomplis le 16 Novembre et le 25 Décembre 1892. Une

médaille d'or de 2me classe était décernée au patron
Menou, Ambroise, du canot de l'Ile de Sein ; une
médaille d'argent au sous-patron Thymeur, Jean-
Noël ; une médaille d'argent de 2me classe aux canotiers Piton, Jean Pascal, Guilcher, Noël, et Guilcher,
Ambroise ; une médaille de bronze au canotier Porsmoguer, Henri ; les canotiers Milliner, Jean-Noël ;
Cuillandre, Prosper ; Cuillandre, Pierre-Michel ; Cuillandre, Guénolé ; Ascoët, Jules, et Nicolas, Henri,
obtenaient des diplômes d'honneur. Ils retourneront
encore, soyez-en convaincu, et nous reverrons ces
mêmes noms à la suite de quelque sauvetage péril-
leux ; c'est leur vie et leur mission dans ces eaux
tourmentées.

Je laisse ici la parole à M. Rochard, rapporteur ;
il a été longtemps connu comme professeur de méde-
cine à Brest : « Il y a sept ans, à cette même place,
« j'ai décerné ce même prix à ce même patron, pour
« sauvetage du bâtiment norvégien le *Baltic*. Vous
« vous en souvenez comme moi, n'est-ce pas vrai,
« patron Menou ? Eh bien, recevez encore une mé-
« daille pour vous et votre équipage, et là-bas, de
« retour dans votre Ile, rappelez à tous vos cama-
« rades la dernière prière de l'amiral Méquet. »

Notons en passant que le vice-amiral Méquet a fait
don à la Société d'une somme de 20,000 francs dont
la rente doit revenir aux canotiers qui, sur les côtes

de Bretagne, se distinguent plus particulièrement
dans l'accomplissement de leur devoir ; il a, de plus,
exprimé le désir touchant, qu'en leur remettant cette
offrande, on les prévînt simplement que leur ancien
chef et ami recommandait sa famille et lui à leurs
prières.

Outre le sauvetage de la *Joséphine-Henriette*, le
canot du patron Menou avait encore à son actif le
sauvetage de l'année précédente, du navire anglais
Prétoria, le 16 Novembre.

Nous autres Bretons, nous pouvons être fiers de
nos sauveteurs ; et dans cette même séance, le prix
Lupin était accordé au canot *Amiral Roze*, de la station d'Audierne. M. Rochard raconte comment, le
24 et le 25 Décembre, en deux laborieuses journées,
par une mer démontée, le patron Autret a ramené
au mouillage plusieurs barques de pêcheurs, et sauvé
la vie de 124 hommes. Le bateau du patron Autret
en est à sa quarante-huitième sortie, et il a épuisé
toutes les récompenses de la Société. Autret a débuté
à la station d'Audierne en 1874.

L'anecdote suivante, que je recueille dans le manuscrit de M. Lacroix, donnera encore une idée des
dangers courus par les ouvriers bretons de l'*Ar-Men*.
C'était le 19 Juin 1878, dans le rembarquement du
personnel les lames étaient tellement furieuses, que
les hommes qui se trouvaient dans un canot près de

la roche, furent submergés en voulant attendre un de leurs camarades, remonté sur la roche après une chûte à la mer provoquée par sa précipitation. Les marins qui montaient d'autres bateaux de secours eurent une peine infinie à repêcher les naufragés, car ils étaient éparpillés sur la mer, et plusieurs d'entre eux, entraînés par le courant, se trouvaient jusqu'à 200 mètres environ du rocher. En somme, on en fut quitte pour la peur, et on retournait le lendemain essayer un nouvel abordage. Qu'elle devait être grande l'occupation du surveillant, et grandes ses transes !

En Août 1865, l'Ile a été soumise à une inondation dont les habitants ne se sont pas rendu compte ; quelque habitués qu'ils fussent à toutes les fureurs des tempêtes, ils ont cru, comme ils l'ont rapporté, leur dernière heure arrivée, quand la mer, passant par-dessus les rochers qui entourent l'Ile, s'est précipitée dans les rues sinueuses et étroites, brisant tout sur son passage. Plusieurs maisons ont été détruites de fond en comble, d'autres fortement endommagées ; toutes ont été inondées, et les malheureux surpris par l'eau au milieu de leur sommeil, se réfugiaient sur les toits, dans le clocher.

Un semblable désastre se produisait dans les premières années du règne de Louis-Philippe, un raz de marée extraordinaire faillit tout détruire. Les habitants, réfugiés dans le clocher et sur les toits, reçurent tous l'absolution du vénérable abbé Charlés, qui lui aussi se croyait à sa fin. C'était en plein jour, les hommes étaient à la mer. Ce bon recteur racontait ses angoisses, quelques jours après, à Pont-Croix; il était encore tout ému, me disait une personne présente, et malgré cela il était pressé de se retrouver près de ses paroissiens.

Ces inondations, bien rares, du reste, sont une des causes données de la convexité des petits morceaux de terre cultivés, auxquels les familles tiennent beaucoup. Leur exiguité est telle, que lors de la construction de digues de défense, il a fallu payer des indemnités pour destruction complète de récoltes; et celles de ces indemnités qui ont atteint le chiffre le plus élevé, n'ont pas dépassé 10 francs!

L'année 1756 faillit voir engloutir l'Ile avec tous ses habitants. Le duc d'Aiguillon gouvernait alors la Bretagne. Certainement, il fallait abandonner l'Ile! c'était l'opinion générale. Il insista près de ces pauvres pêcheurs, alors bien misérables, mais aussi moins nombreux. Les promesses les plus engageantes furent faites, des terres devaient être octroyées au nom du roi, et demeurer la propriété ferme des familles.

Rien ne put les tenter : quitter leurs rochers, se livrer aux travaux de la terre, jamais ils n'y con-

sentirent, ils préférèrent leur dangereux genre de
vie. Depuis lors, tous les gouvernements se sont
souvenus de leurs misères ; le ravitaillement annuel
de l'Ile se faisait avant l'hiver, des secours en vivres
leur furent donnés jusqu'en 1810. Maintenant, ils
viennent chaque année faire leurs provisions d'hiver
à Pont-Croix, où la foire de Novembre prend le nom
de *foire des Iliens*, ils possèdent aujourd'hui, et n'at-
tendent plus de secours du dehors. La pêche des
langoustes et des homards les a enrichis,

Lors des constructions des phares du Tévenec et
de l'Armen de grands travaux ont été exécutés, il
fallait bien utiliser les bras de ces équipes d'ouvriers
d'élite, retenus à l'Ile des semaines entières ; des
quais ont été construits, des digues élevées contre
l'invasion de la mer, quelques habitants ont bâti,
pour location aux Paimpolais, des maisons conforta-
bles. Ces nomades sont courageux, actifs, économes
et surtout bons pêcheurs ; à l'Ile, ils trouvent emploi
à ces facultés, la mer est grande et le gros poisson
abonde, ils se trouvent de la sorte dédommagés de
leurs frais de déplacement.

Le commerce de la pêche est relativement consi-
dérable pour le petit nombre d'habitants, et il s'éta-
blit chaque jour de nouvelles pêcheries. Le résultat
annuel est certainement supérieur à 300,000 francs,
ajoutez à cela l'industrie de la soude.

On pratiquait autrefois le commerce des poissons secs. Qui de nous n'a vu, et il n'y a pas si longtemps encore ces longues traverses de bois alignées, sècheries en plein air. Tout cela s'expédiait pour les côtes espagnoles. Jadis, c'était un grand trafic à Penmarc'h, et les habitants de l'Ile étaient en relations avec les grands commerçants de ces contrées.

On est allé jusqu'à dire, et beaucoup l'ont édité, qu'autrefois sur ces côtes du Finistère, existait au large un banc de morues ; il y en a même qui ont parlé de faire des recherches à cet égard, d'armer des navires. Comme il eût été beau de renoncer aux dangers des mers d'Islande et de Terre-Neuve !... Mais on eût perdu le beau livre de Pierre Loti.

Le raisonnement a fait comprendre qu'il s'agissait seulement de sècheries de congres, de merlus, surtout, et si ces industries ont été abandonnées, c'est à cause de la mévente des poissons salés, en face de la concurrence des bancs de morues, plus fréquentés, plus avantageux que ces industries locales. Puis est arrivé le commerce si important de la marée fraîche, industrie plus rémunératrice, conséquence des progrès de la civilisation, des communications par voies ferrées qui mettent nos produits à la porte de Paris et des grands centres. Les sècheries disparurent, les négociants en salaisons firent place à la classe intelligente des mareyeurs. N'est pas mareyeur qui veut, le métier est difficile. Le vrai mareyeur est adroit, insinuant, actif, discret, connaît les halles de Paris, des centres, comme le plus madré juif les secrets de la Bourse. C'est le partage presque exclusif de quelques familles d'anciens marins, ils s'entendent et ont des ramifications dans nos ports de pêche.

L'Ile de Sein attend encore des usines, qu'elle désire si ardemment. « Les bras ne manqueraient pas, disent-ils ; nos femmes et nos filles suffiraient à la tâche, et trouveraient un travail compensateur pendant l'été. »

⁜

Avant de reprendre le cours de la promenade à laquelle je le conduis, l'ami lecteur comprendra facilement les motifs de ces digressions.

Cette population maritime n'a qu'une industrie, la pêche. Y amener des capitaux et de la concurrence, serait pour elle un bienfait ; voilà pourquoi je donne tous ces détails, et dans une nouvelle édition qui m'est déjà demandée, de nombreux croquis pris sur place orneront le texte, et seront la preuve de la sincérité de mes écrits.

Dans notre promenade à l'Ile, après avoir parcouru la campagne, nous étions arrivés au phare que nous

avons visité en détail, nous y avons inscrit nos noms,
et heureux de tout ce que nous venons de voir, en
nous arrêtant au rez-de-chaussée, une bonne pensée
nous est venue : « Si nous lancions une dépêche aux
amis du continent? » Le brave gardien accède à nos
désirs, et nous n'aurons pas terminé notre excursion
à l'Ile, que ces derniers sauront que nous sommes en
bonne santé et que nous les rejoindrons, s'il plaît
à Dieu, sans trop tarder. Nous continuons notre
promenade, dans cet air ambiant qui caractérise
toutes les îles, et surtout l'Ile de Sein ; un air toujours
frais, mais l'hiver, il ne doit pas être agréable, les
personnes qui n'y ont jamais séjourné en cette saison, ne sauraient se faire une idée de la violence du
vent à certains jours. Toute locomotion devient impossible, on peut être précipité à quelques pas, cela s'est
vu. Dans la famille d'un gardien, habitant dans une
maisonnette à trente mètres du phare, les femmes
sont forcées de s'affubler de vêtements d'hommes
pour approcher, pendant les tempêtes, d'une citerne
qui y est accolée.

En sortant du phare en se dirigeant sur l'Ouest, se
trouve une chapelle sous le vocable de saint Corentin,
qui est à la fois, le patron du diocèse ; il est
invoqué pour obtenir du succès dans la pêche. Vrai-
ment, si nous nous trouvions au pays de saint Jan-
vier, on pourrait ajouter foi à une histoire plaisante

qui m'a été racontée. Les marins de l'Ile de Sein, ne sont cependant pas napolitains, et n'ont pas la crédulité de ces derniers ; c'est loin de l'Ile que ce renseignement m'a été donné.

Cette chapelle reste fermée, à part le jour de la fête du Saint, fête qu'on lui souhaite chaque année, en voici la raison : Quand la pêche donnait bien, les dévots et reconnaissants marins rendaient au bon patron de solennelles actions de grâce, on le remerciait avec effusion, mais aussi quand le poisson ne mordait pas, quand les casiers se relevaient vides, malheur ! on passait à la chapelle, on objurguait la statue, comme à Naples *San Genaro*, on lui faisait des reproches, même quelques irrévérencieux, et il s'en trouve toujours, comme comble du profond dédain, allaient jusqu'à lui lancer à la figure une chique bien juteuse, et le pauvre patron que l'on ne débarbouillait pas, prenait à la longue une teinte d'un hâle très prononcé.

Se non è vero, è bene trovato, n'y croyez pas, si vous voulez, mais voici qui est vrai, deux iliens *nés natifs,* me l'affirmaient hier. Saint Corentin est évêque, et sa statue porte les attributs de sa dignité, la mître et la crosse ; celle-ci est mobile. Au cours de mauvais temps persistants, les dévots clients se rendent à la chapelle, font faire le moulinet à la crosse : « C'est vent de Nord qu'il nous faut », et la crosse, symbole de la charge, est pointée vers cet aire de vent. « *Autrou sant Korentin, avel Nord, ni o pedomp !* Monsieur saint Corentin, vent du Nord, nous vous prions ! »

Ce bon saint doit bien songer dans sa niche, quand le vent siffle l'hiver sur sa toiture rejointoyée de ciment.

Quelques terres vagues et couvertes d'un maigre gazon, entourent le phare, où viennent paître les bestiaux. L'Ile possède en réalité une soixantaine de vaches, et un taureau, que les insulaires nomment *Coq Egen*, le coq du troupeau, nom breton bien choisi, il n'a pas de concurrent. Les lauréats de nos concours n'envieraient pas ses chétives compagnes, ni les maigres pâturages de ses dunes si nues ; ce satrape de l'Ile, a l'air bien tranquille, l'œil atone, n'a rien du farouche de ses collègues de la Camargue.

Le long de ces côtes, ces animaux dévorent les varechs frais apportés sur les galets, le lait doit être iodé. Qu'est donc la tuberculine Koch auprès de ça ! Les chevaux et les moutons n'y sont pas connus. Il y a trente ans, des enfants amenés à Audierne pour la Confirmation, s'éloignaient des arbres, craignant de les voir s'abattre, s'extasiaient devant un cheval : « regarde quel grand porc ! » disait l'un.

✝✝✝

Près des maisons où nous sommes revenus, quelques jardinets, clos de petits murs en pierres sèches et peu élevés, contenant quelques légumes, quelques betteraves. Je m'étonnais d'une culture qui se fait un peu dans tous, l'anis étoilé. « Voyez-vous, me dit mon cicerone, ici l'hiver le vent nous entre par tous les pores, et cette tisane d'anis est nécessaire, elle produit des effets merveilleux, en un mot des effets secs et bruyants. » Braves gens, ils ont inventé les engins explosifs avant les sociétés panclastite, roburite, mélinite, et ne craignent pas de divulguer ce secret aux ennemis de la France. Ceci se passait au moment du procès Turpin-Triponé.

Deux chiens, terre-neuve magnifiques, noir-jai, se trouvaient à l'Ile : l'un au bon curé Copy, l'autre au médecin que la Marine y envoie. Clérical et laïque, ils se battaient tellement qu'un pacte fut conclu entre les deux propriétaires. Chacun des combattants eut son jour de sortie, l'heureux sortant ne se tenait guère tranquille, il parcourait sans cesse les ruelles à la recherche de l'adversaire que l'on maintenait à l'attache.

5

✝✝✝

La Marine envoie pour un temps déterminé un jeune médecin à l'Ile. On lui a construit une très jolie maison, il y a aussi sa pharmacie : ceci est nouveau. Avant on avait recours, en cas de maladie grave, aux médecins d'Audierne ou de Pont-Croix. Le temps qu'y passe ce jeune chirurgien lui compte comme campagne, et s'il a des moments d'ennui, il a aussi une solitude fructueuse pour l'étude.

La vie matérielle ne lui est, du reste, pas pénible : à l'Ile on trouve un peu de tout : poissons, viandes fraîches, conserves de toutes sortes, des fruits arrivent de Brest et d'Audierne. Ses occupations ne sont assurément pas multiples, et l'on voit que l'arrivée d'un ami, d'une connaissance, lui occasionne le plus grand plaisir, et lui procure quelques jours agréables. Hélas, l'hiver c'est bien rare, et à peine peut-il se rendre au Continent. Son absence pourrait se prolonger plus qu'il ne le voudrait, eu égard aux tempêtes et aux mauvaises mers, et la privation de ses services se faire sentir.

Dans cette saison, la vie matérielle est moins commode. Alors on recourt aux conserves, aux homards, que l'on a dans des viviers, aux volailles que l'on garde pour ces jours de pénurie.

L'été, le pain blanc et frais arrive du Continent; il y a même un boulanger qui s'installe. Comment donc fait-on l'hiver ? Eh bien, voici le mode de cuisson : une plaque de fer de 0.40 centimètres est chauffée, on y dépose la pâte préparée d'avance, cette pâte est recouverte d'un chaudron, disparaissant lui-même sous une couche de goëmons, que l'on renouvelle pendant deux heures. Il en résulte un pain savoureux, doré, ayant conservé tout son arôme. J'ai été étonné de retrouver dans les campagnes de l'Allier, le même système de cuisson, mais le combustible était du bon bois sec. Ne serait-ce pas un moyen de bien équilibrer la taxe du pain ? On se mettrait en grève contre le boulanger, et l'on prouverait que le bon vieux temps a eu du bon.

Les cendres que produisent ces goëmons ainsi incinérés, sont très riches. De petits navires viennent, à divers intervalles calculés, les acheter, pour les revendre aux environs de Brest et de Châteaulin. C'est un spectacle curieux que de voir une fourmillière de jeunes filles, un panier plein sur la tête, dont chaque apport leur donne le droit de toucher 0.10 centimes.

J'ai vu construire la maison d'école qui est belle, précédée d'un vaste préau couvert. Les jeunes filles apportaient sur la tête les pierres à bâtir, qu'elles prenaient sur le rivage à un quart de lieue de distance. Leurs tailles, cependant, ne sont pas déformées ; et il y en a de jolies. Voyez donc au musée de Quimper, le beau tableau de Renouf... *La veuve de l'Ile de Sein*, si souvent reproduit par la photographie.

✝✝✝

L'église n'est pas grande, je l'ai déjà dit, mais elle est propre, enguirlandée les jours de fête avec la naïveté des gens primitifs. Admirez dans ce pauvre temple, la piété de ces braves gens, les genoux des générations en ont durci le sol. Aux offices, ni orgues ni serpent ; aux grands jours, quelques accords d'un harmonium modeste tenu par le curé, viennent soutenir les chants sacrés de l'assemblée, car là tout le monde chante. Les voix d'hommes alternent avec celles des femmes, ce n'est pas tout-à-fait le chant liturgique, il a un cachet *sui generis*, qui lui donne un certain charme.

Une voix surtout domine. Brave Philomène Coquet ! vos compatriotes sont fiers de vous, et les étrangers vous admirent ; votre triomphe est dans les processions, et la Sainte-Vierge, qui n'est pas sourde, entend votre *Ave, maris stella*, malgré le vent qui siffle et les flots qui mugissent à quelques pas de vous.

J'assistais une fois à la procession du Sacre. On part de l'église, en file indienne, dans des rues de un mètre de large, la foule est recueillie. Pour reposoir, il y a deux madriers provenant d'épaves, et le laissant voir, car ils sont *berlachés ;* quelques linges bien blancs les recouvrent. Mettre des vases de fleurs ? ils ne tiendraient pas debout, et où pourrait-on trouver de la mousse et des branchages de verdure ? Le vicaire aidait le bon curé Copy, ancien sergent-major, à soutenir l'ostensoir que le vent ne respectait pas.

La population, agenouillée partout où elle pouvait trouver place, reçut la bénédiction avec la foi la plus complète ; le soleil était ardent, malgré une brise de mer très accentuée. Quoi de plus solennel ! Quel beau tableau ! Une foule à genoux sur une langue de terre couverte de rochers gris, des deux côtés la grande mer et sa voix grondante, quelques navires au large. Autrefois, à la tête de la procession, souvent marchaient quelques jeunes hommes et des salves de coups de fusil saluaient le Saint-Sacrement.

C'est ainsi que Mgr Lamarche fit son entrée au mois d'août 1890 ; une dizaine de fusils brûlaient des cartouches en son honneur. Monseigneur, accompagné de son grand vicaire, M. l'abbé Fléiter, avait pris passage à bord de la *Glaneuse*, vapeur de M. Chevillotte, de Brest. Cet ancien député, ainsi que quelques honorables étrangers, formaient escorte.

Le bateau de sauvetage suivait le navire, par honneur pour le prélat, sans doute, venant pour la Confirmation des enfants de l'Ile.

Tous les habitants étaient là, à son arrivée ; une curiosité joyeuse était peinte sur tous les visages. Sa Grandeur monta sur le quai, la figure radieuse, bénissant la foule, semblant lui dire : « Je suis votre pasteur et je n'oublie pas mes brebis, éloignées mais fidèles. »

On s'en souvient, son départ fut une ovation ; la foule criait : « Vive Monseigneur ! Vive le bon Dieu ! Vive notre religion ! » Mgr Lamarche, ancien ami du soldat, paraissait ému, il serrait toutes les mains calleuses et loyales de ces braves pêcheurs. Avant de descendre dans la cabine, on le vit encore bénir l'Ile et la foule entière qui se retirait lentement.

Mgr Valleau est enfant de l'Ile de Ré et n'oubliera pas non plus ses bons insulaires ; ils y comptent bien !

Certes, nous sommes loin de ces temps où les apôtres bretons naviguaient dans des auges en pierre. Entrez à Saint-Houardon, église paroissiale de Landerneau, vous y verrez le beau tableau de Yan' Dargent, le grand peintre breton ; l'artiste représente

le saint traversant les mers. Houardon, sous les
traits de l'anachorète, est agenouillé dans une auge
en pierre ; deux anges, les ailes déployées, guident
cette étrange barque à travers les flots qu'elle fend
à merveille ; le ciel est gris et la mer moutonne. Vous
avouerez cependant que les ailes sont bien grandes
et qu'elles sont assez étendues pour pousser un navire de haut bord.

A Loscogan, près du fanal le *Millier*, en Beuzec-
Cap-Sizun, on remarque encore la barque de pierre
qui y amena saint Cogan ; ne dites pas au moins que
cela ne ressemble pas à un canot ; à Landévennec,
saint Guénolé traversait les mers sur une énorme
pierre ; du moins, c'est la légende.

En tout cas, l'arrivée de Mgr Lamarche fut une
fête ; sur tout le parcours, les draps tapissaient les
murailles des maisons, comme nous le faisons chez
nous, au Continent, le jour de la Fête-Dieu...

✝✝✝

Il est rare que quelque femme du Continent vienne
donner sa main et sa fortune à un habitant de l'Ile ;
cela se voit cependant ; en général, ils se marient
entr'eux. Les familles se connaissent ; elles portent
presque toutes le même nom. La gaîté la plus grande

règne aux noces, et comment en serait-il autrement, presque tous sont parents. Il n'y a pas de bal, mais n'allez pas croire que l'on ne danse pas. Le biniou n'y est pas connu, ce biniou aux accords si perçants et si gais, si aimés de la jeunesse bretonne, au son joyeux duquel tant de *pennerez*, revêtues de leurs riches et pittoresques costumes galonnés d'or et d'argent, frappent le sol avec grâce et fermeté, *pulsanda tellus.*

> « On ne s'attendait guère
> A voir Horace en cette affaire. »

A l'Ile, on danse, mais ce sont des chants rhythmés qui font lever les sabots.

Un jour, à la fête d'Audierne, quelques Iliens se mirent en danse au son du biniou joyeux, ils prirent pendant quelques instants part à la fête locale ; mais fatigués de la foule ils furent se mettre à l'écart, et préférèrent danser au son de leurs voix connues et cadencées. On fit cercle autour et tous chantaient en chœur :

> « Saulez fillettes
> « Et le bon Dieu rira,
> « Landerirette
> « Landerira !... »

C'est un plaisir de les voir aux cérémonies des mariages, comme à celles des baptêmes. Le *Te Deum* s'entonne avec ensemble au son des cloches. Ils sont surpris quand, sur le Continent, ils assistent à ces cérémonies, et ne comprennent pas que le lutrin seul note ce chant des grands jours.

C'est de la joie pour les vivants, mais ils n'oublient pas leurs morts. Nul ne sortira de l'église ou n'y rentrera sans une prière sur les tombes qui l'entourent : il faut jeter un peu d'eau bénite sur la tombe de ce parent, de cet allié à la famille. Du reste, le culte des morts est bien ancré dans ces populations si simples de cœur.

Il existe une vieille coutume que l'on retrouve aussi dans le pays des montagnes d'Arrhée. Le soir des morts, plusieurs personnes se réunissent, le nombre en est déterminé ; elles se rendent au cimetière à la nuit, et après quelques prières pour tous, vont à la porte des maisons qui ont eu à déplorer la perte de parents ou d'amis. La nuit est sombre, on s'approche de l'huis qui est fermé ; on tinte une clochette et l'on attend. Du dehors, on commence une prière, et de l'intérieur on donne réponse ; l'on s'en va à une autre porte et ainsi de suite : Priez Dieu pour les trépassés ! Ah ! c'est alors qu'ils pensent à ces pauvres disparus dans les eaux profondes, dans les mers lointaines ; c'est un mari, un frère, un parent, un fiancé peut-être. Ah ! si du moins leurs corps étaient là, reposant dans ce petit cimetière, dont la terre a été bénie par

leurs vieux prêtres *(ar veret benniguet)*, c'eût été une
consolation de répandre sur le tertre de leur éternel
repos l'eau bénite de leur église.

Au milieu de ces alternatives de tempêtes, de gros
temps, dans cette solitude presque continuelle, cette
population aime-t-elle au moins son île ?

La réponse est facile à faire. Ils s'arrachent difficile-
ment à leurs rochers, quand ils sont au Continent
depuis un jour ou deux, ils semblent s'ennuyer. Ils ont
hâte de retourner, paraissent inquiets si le temps
vient à changer et menace de les retenir pour une
autre marée, les femmes surtout, bien qu'elles redou-
tent le mal de mer qui doit les reprendre.

A l'Ile, elles sont toutes très gaies, vaquant aux
soins du ménage, lavant le linge à la lame qui déferle
à quelques pas de leur logis, le faisant sécher sur les
galets du rivage, exposé au soleil et au vent ; un galet
retient chaque coin du drap.

Beaucoup vont à la grève, le panier sur la tête, elles
apportent le goëmon que l'on fera sécher sur la col-
line et qui servira de combustible, car le bois est
cher et n'est que pour les riches. Rarement elles visi-

tent et cultivent leurs petits champs ; bien que cette besogne leur soit échue, elle leur répugne. Quant aux marins, pas plus là qu'ailleurs, ils ne s'occuperont de culture et de jardinage, il leur faut la mer, et quand les flots bouillonnent, quand la tempête les retient à terre sur leurs rochers, ils regardent le large comme s'ils cherchaient quelque chose sur l'infini des flots.

Ils sont peu causeurs, toutefois ils se communiquent leurs réflexions sur les chances prochaines ou éloignées des sautes de vent ; et ils ne se trompent pas. Un vieux marin de l'Ile vous prédira le temps plus sûrement que tous les Mathieu Laensberg ou de la Drôme.

Ces tempêtes qui les éloignent pour quelques jours de la mer, ne sont pas sans profit pour eux. Ne rejettent-elles pas sur leurs grèves, ces amas de goëmons, rubans violets ou roses, qu'avec l'aide de leurs femmes et filles ils retirent sur le rivage au moyen de crocs en fer de grande dimension. Pour ce métier si dur, il faut être à mi-corps dans l'eau, éviter la vague qui, si des précautions n'étaient prises, enlèverait au large le malheureux imprudent.

Les journaux relataient dernièrement le cas d'un brave homme surpris par une lame de fond. Jamais l'on ne retrouvera son cadavre dans ces courants violents avoisinant des îles telles que l'Ile de Sein et l'Ile d'Ouessant.

Ces warechs mis au sec, sont exposés au vent, et quand le temps est venu, incinérés dans les fours à découvert : ces fours sont en pierres sèches et larges. Cette incinération est plutôt l'ouvrage des femmes quand les maris sont à la mer : de là ces longues spirales de fumée que l'on aperçoit du Continent, fumée qui enveloppe une partie de l'Ile et qui fuit au-dessus des flots pour se dissiper au bord de l'horizon. Bien conduite, l'incinération produit des cristaux qui, transportés par navires aux usines de produits chimiques d'Audierne, de Pont-l'Abbé ou du Conquet, sont convertis en iode, en sels de soude, en chlorures. C'était autrefois la rémunération de labeurs pleins de fatigues, les prix hélas ! ne sont plus aussi élevés. Cependant les cristaux de l'Ile sont toujours des meilleurs, parce qu'ils se composent d'un mélange moins grand de sable et de galets. Peu riches en iode, ils recèlent en revanche grande quantité de sels de soude.

L'Ile possède deux écoles, une de garçons et une de filles. Autrefois, il n'y avait qu'une école mixte tenue par les Sœurs du Saint-Esprit. L'école de garçons, de date récente, est dirigée par un instituteur laïque.

Lorsque les jeunes filles ont été envoyées au Continent, soit pour leur éducation, soit pour apprendre le service, elles ont une frayeur de revenir aux travaux et à la solitude de l'Ile. Il en est de même des jeunes Iliens élevés au Continent, dont deux ou trois sont Frères des Écoles chrétiennes, et plusieurs prêtres. Ici-bas, somme toute, chacun a sa route tracée.

Tout le reste de la population appartient à la Marine. Quand ils ont donné quelque temps à l'État, ils retournent à leurs bateaux de pêche : ils forment d'excellents pilotes, recherchés pour ces parages.

Point de militaires à l'Ile, ils restent tous marins-pêcheurs, et combien n'ont-ils pas à affronter de dangers, ils le savent bien car ils y ont passé leur première enfance, mais il faut vivre ; de là le mépris qu'ils ont de la mort. Si vous leur parlez de la mer qui vous paraît démontée, si vous croyez qu'un danger existe, abstenez-vous d'insister. « La mer mauvaise ? mais elle est comme de l'huile » ; et s'il y a du vent ; « Nous n'aurons pas à tirer sur la rame ».

Si vous les questionnez sur les périls qu'ils ont à courir, ils haussent les épaules. « Nous n'avons « qu'une vie à perdre, me disait l'un, croyez-vous « que le pain nous viendra amené par les flots. J'ai « vu mon père se noyer à quelques mètres de mon

« bateau, nous ne pouvions lui porter secours, je l'ai
« vu au sommet de la lame, faisant tous ses efforts
« pour nous rejoindre, une seconde lame près du
« bateau le recouvrit, et puis rien, il passa sous le
« bateau et nous fûmes forcés de partir sans pou-
« voir ramener son cadavre. J'ai vu, ajoutait-il, mon
« frère subir presque le même sort. J'ai bien eu un
« cousin noyé et cependant il était à l'État, » et puis,
d'un air résigné, « nous prions pour eux, car nous
« ne mourons pas comme des chiens, et Dieu est là
« pour nous attendre à notre tour. »

Je n'ai encore rien dit du costume de l'Ile. Les
hommes portent le costume du marin de la côte ;
béret bleu marine, vareuse en molleton noir ; l'hiver,
ils rentrent de la pêche couverts de vêtements enduits
d'huile cuite, coiffés d'un chapeau en toile cirée pour
couronner le tout, d'énormes bottes à tiges de cuir,
que terminent de solides sabots. Le dimanche, que
l'on observe religieusement, ils sont très propres et
revêtent l'habit de fête.

Parmi les femmes, si vous apercevez une coiffe
blanche, elle n'est pas de l'Ile. La vraie femme de
l'Ile coiffe une *chupellienn*, cape noire en drap et à
deux battants retombant sur les épaules, comme on
le voit dans le tableau de E. Renouf. Quand elles
relèvent les deux battants des épaules et qu'elles
les maintiennent sur le sommet de la tête, par une

espèce de rosace, vous diriez la coiffure alsacienne.
Mais en Alsace, ce n'est pas du drap, ce sont des
étoffes peintes que nous connaissons sous le nom
d'étoffes d'Alsace, le reste du costume est de couleur
sombre généralement, avec des jupes bleues. Ici pas
de couleurs voyantes, un simple mouchoir jeté sur
les épaules revient en pointes jusqu'à la taille seulement ; la robe est toujours noire.

Quoique cette population soit paisible, le *guin-
ardent* (eau-de-vie), y trouble quelquefois les têtes,
et pour réprimer le désordre et faire la police le
dimanche, l'autorité du Maire, toujours écoutée,
obtient plein succès.

Mais pendant les mois d'été, la population étant
doublée par les familles de Paimpol et d'autres lieux,
l'Administration y envoie deux bons gendarmes et
cela pour six mois ; leur séjour semestriel est suffi-
sant, et ils n'ont pas à craindre les ennuis de
l'hiver.

Le syndic des gens de mer a une grande influence
sur tous ces inscrits de la Marine, la police n'est pas
de son ressort.

Il y aurait beaucoup à dire, sur les coutumes, les
mœurs, le langage, qui est resté le breton le plus pur.
Vous reconnaissez le breton de l'Ile à son accent, et
cependant l'insulaire n'est qu'à trois lieues de nous,
cet accent est très prononcé sur la pénultième.

Si la population a conservé ses mœurs, ses costumes, son langage, ne vous attendez pas à trouver un peuple Moyen-Age. Les relations sont agréables, policées même, tous les hommes ont l'usage de la langue française, peu de femmes la parlent.

Dans les ruelles étroites de l'Ile, vous rencontrez le colporteur de la ville, de porte en porte exhibant sa pacotille de rubans et colifichets. Le voyageur de commerce qui s'introduit partout, y fait son apparition ; une figure étrangère ne produit rien de farouche. Certes, ce n'est pas de l'Ile de Sein que parle le spirituel auteur de *Vert-vert* et du *Lutrin vivant*.

Dans son *Carême impromptu*, Gresset parle bien d'une Ile éloignée, où l'on trouva moyen de faire en une semaine, tout un travail de quarante jours ; *Carnaval, Carême, jours saints* et *Pâques*. Changez si vous le voulez quelque chose à la liturgie de l'insulaire, mais ne touchez pas au culte. Il est ferme dans ses croyances, et s'il existait quelques superstitions, qu'y aurait-il d'étonnant ?

Jusqu'à l'époque du P. Maunoir, auquel un miracle du ciel octroya le don de la langue bretonne (voyez à la Cathédrale les fresques de Yan' d'Argent), l'Ile n'avait pas de prêtres. Ils étaient chrétiens, voilà tout, presque païens. En 1624, le P. Maunoir les évangélisa, les instruisit et le premier pasteur s'appela *Le Sur*. Souvent la difficulté de se procurer un homme

de dévouement se présenta encore, il y eut des
vacances ; maintenant ils ont toujours un recteur et
un vicaire, pour lesquels la population est pleine de
respect et de déférence ; leurs conseils sont goûtés et
suivis.

En résumé, si ces braves gens sont heureux, si la
solitude leur plaît, c'est pour donner raison à cet
adage : « Heureux les peuples qui n'ont pas d'histoire. »

Si vous voulez faire leur connaissance, étudier leurs
mœurs, le moyen vous en est facile ; le chemin de fer
va vous transporter à Audierne qui est tête de ligne,
à quelques pas du bateau-poste qui vous conduira
sans encombre à l'Ile.

Allez-y, touristes, allez passer trois jours qui seront
bien remplis. Ne vous inquiétez pas de journaux,
vous pourrez en lire de diverses provenances, même
de San-Francisco.

Un bureau télégraphique, parfaitement installé,
vous mettra en communication avec vos amis du
Continent. Ne craignez pas que les congres qui s'en-
roulent autour du câble si agité qui traverse le Raz,
viennent surprendre vos secrets ; vos amis du Continent seront heureux de savoir que vous ne vous
ennuyez pas trop, que vous voyez autour de vous
une mer magnifique, admirable ; que vous apercevez
beaucoup de navires à l'horizon ; surtout télégra-

6

phiez (1) de vous préparer, à votre rentrée à Audierne, un dîner solide, plantureux, car vous aurez
gagné un appétit qui n'aura pas besoin d'être aiguisé
par les apéritifs modernes.

Un bon accueil vous sera réservé dans l'un ou
l'autre hôtel, tous deux de premier ordre. La bonne
et gastronomique figure de Batifoulier ne sera plus
là, comme une vivante affiche-réclame pour sa table
d'hôte. Il la présidait toujours avec la conviction
qu'il faut consciencieusement réparer les forces et
que la nature a horreur du vide. Ce sera toujours
néanmoins la même table et les mêmes soins ainsi qu'à
l'Hôtel de France. Vous y trouverez, surtout en été,
de nombreux touristes ; ils envieront peut-être votre
sort et, sur votre avis, iront retenir leur place au
bateau-poste qui repartira le lendemain pour l'Ile.

(1) Il y a une quinzaine d'années, et maintenant même encore,
quand le câble est rompu, des feux, allumés à des endroits con-
venu non loin du phare du Bec du Raz, font des signaux avec
l'Ile, comme des dépêches lancées à travers le détroit. C'est ainsi
qu'agissaient nos pères, les vieux Gaulois, cela se lit dans les
Commentaires de César. Rien de nouveau sous le soleil : *Nil
novi sub sole.*

FIN

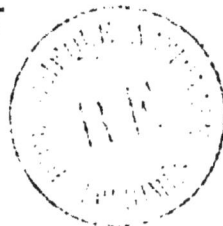

www.ingramcontent.com/pod-product-compliance
Lightning Source LLC
LaVergne TN
LVHW050618090426
835512LV00008B/1554